GUIDO HÖNER • NOEMI BENGSCH

Marike und Julius:
ENTDECKE MIT UNS DEN BAUERNHOF

DAS ERWARTET DICH

DAS SIND MARIKE UND JULIUS 4

DER PFLUG DREHT DEN BODEN UM 8

DER TRAKTOR IST SO STARK WIE 150 PFERDE .. 12

KORN FÜR KORN INS BETT 16

PFLANZEN LIEBEN MIST 20

DAS GETREIDE BRAUCHT PLATZ 24

DER GROSSE RASENMÄHER 28

SAUERKRAUT FÜR DIE KÜHE 32

DARUM KOMMT DAS FUTTER IN DIE TÜTE ... 36

WAS WÄCHST DENN DA? 40

DIE HÜHNER HABEN EINEN WOHNWAGEN ... 44

DER MÄHDRESCHER KOMMT 48

EINE BURG AUS STROH 52

WAS IST DENN GRUBBERN? 56

DIE KARTOFFELN STECKEN IN
DÄMMEN AUS ERDE 60

DER HÄCKSLER SCHNIPSELT
DEN MAIS KURZ UND KLEIN 64

SÜSSE RÜBEN 68

WAS FRESSEN DIE KÜHE IM WINTER? 72

AUCH KÜHE HABEN BETTEN 76

EIN NEST FÜR FERKEL 80	QUIZ ZUM SCHLUSS 88
WIR HOLEN DEN WEIHNACHTSBAUM 84	SO SEHEN DIE PERSONEN IN WIRKLICHKEIT AUS 94

DAS SIND MARIKE UND JULIUS

Das sind Marike und ihr großer Bruder Julius. Marike geht zur Grundschule und Julius schon in die fünfte Klasse. Die beiden wohnen in der Stadt. Aber sobald sie Ferien haben, sind sie auf dem Maierhof. Bei Tante Barbara und Onkel Hubertus. Denn hier ist immer etwas los. Amy, die schwarze Labradorhündin, wartet schon auf die Kinder. Sie ist stets dabei, wenn Marike und Julius ihre Entdeckertouren starten.

Tante Barbara und Onkel Hubertus haben einen Bauernhof mit Milchkühen und Pferden. Die Kühe können im Sommer auf die Weide gehen und leben im Winter im Stall. Barbara und Hubertus bauen auf ihren Feldern Futter für die Tiere an. Außerdem wächst hier Getreide für Brot. Dazu kommen Kartoffeln und Zuckerrüben.

Die Kinder lieben es, durch die Felder zu streifen und Barbara und Hubertus auf ihrem Bauernhof zu helfen. Barbara und Hubertus erklären ihnen alles und Marike und Julius dürfen auf dem großen roten Traktor mitfahren. Wollt ihr wissen, was die beiden erleben? Dann kommt mit auf die spannende Reise!

DER PFLUG DREHT DEN BODEN UM

Es ist Frühjahr und nach dem langen Winter ist endlich wieder etwas los auf dem Maierhof. Julius und Marike besuchen ihre Tante Barbara und ihren Onkel Hubertus.

Barbara hat den Pflug angebaut. Die blanken Teile blitzen in der Sonne. „Was machst Du damit?" will Marike wissen. Julius klettert schon mal auf den Traktor.

„Mit dem Pflug drehen wir den Boden um," sagt Barbara. „So mischen wir Erde, Pflanzenreste und Dünger. Erst dann können wir säen." Ein optimal vorbereiteter Boden erleichtert den Samenkörnern den Start, sodass sie gut wachsen und gedeihen können. Die Bauern bearbeiten den Boden im Frühjahr und im Herbst.

„Müsst ihr immer pflügen?", will Marike noch wissen. „Nicht immer, oft reicht es auch, wenn wir den Boden einfach lockern", sagt Barbara. Dafür zieht der Traktor eine große Harke durch den Boden. So ein Gerät nennen die Bauern Grubber oder Egge.

Die Kinder sitzen auf dem Traktor. Jetzt geht es raus aufs Feld. Die blanken Teile des Pfluges heißen Schare. Die Erde gleitet an den Scharen hoch und wird umgedreht. Zum Schluss bleibt eine gerade Rille im Boden. Furche nennt Barbara das. Die Traktorräder fahren an einer Seite in der Furche. Am Ende des Feldes hebt der Traktor den Pflug hoch. Bevor es wieder in die andere Richtung in die Furche geht, muss Barbara den Pflug umdrehen. Das geht bequem mit einem kleinen Hebel neben dem Fahrersitz.

LEBENDIGER BODEN

Der Ackerboden besteht aus verschieden großen Körnchen und enthält außerdem Wasser, Pflanzennährstoffe und Luft. Ein guter Ackerboden ist krümelig und oft dunkel. Die Farbe kommt vom Humus, der aus Pflanzenresten entstanden ist. Der Humus hilft dem Boden, Nährstoffe und Wasser besser zu speichern. Außerdem erwärmt sich der dunkle Boden schneller. Im Boden leben eine Menge kleiner Tiere. Du kennst bestimmt den Regenwurm, der dazugehört. Er sorgt durch sein Wühlen und Graben für einen lockeren Boden. Das ist prima für ein gutes Wachstum der Pflanzen.

DER TRAKTOR IST SO STARK WIE 150 PFERDE

Der neue rote Traktor ist der ganze Stolz von Tante Barbara und Onkel Hubertus. 150 Pferdestärken oder abgekürzt PS hat die blitzende Maschine. Das Wort Traktor kommt übrigens aus dem Lateinischen und bedeutet so viel wie ziehen. Deshalb nennen viele den Traktor auch Schlepper oder Trecker. Im Süden sagen die Bauern oft Bulldog dazu.

„Was habt ihr gemacht, als es noch keinen Traktor gab?", will Marike wissen. „Früher haben die Bauern mit Pferden oder Kühen auf dem Feld gearbeitet.

WAS EIN TRAKTOR KANN

Ein Traktor zieht, trägt und treibt Maschinen an. Vorne und hinten hat er starke Arme. Hier kann man die Geräte anbauen: einen Mäher, eine Walze, einen Pflug oder eine Sämaschine. Eine Anhängerkupplung gibt es auch. Damit zieht der Traktor die Wagen mit Stroh oder Getreide zum Maierhof. Mit seiner Zapfwelle treibt der Schlepper Geräte an, zum Beispiel eine Strohpresse. Außerdem gibt es noch die Hydraulik: Der Fahrer braucht nur einen kleinen Hebel zu ziehen und die Hydraulik dreht dann den Pflug oder kippt den Anhänger ab. Die Reifen sind besonders groß und haben ein grobes Profil. Damit krallt sich der Traktor in den Boden und kann auch den schweren Pflug ziehen.

Die Tiere mussten den ganzen Tag einen Pflug oder eine Egge durch den Boden ziehen", erklärt Tante Barbara. Weil das natürlich viel langsamer ging als heute, mussten viel mehr Leute auf dem Land arbeiten. Zu jedem großen Bauernhof gehörten deshalb auch Knechte und Mägde. Heute schaffen Barbara und Hubertus die Arbeit meistens alleine. Und trotzdem können sie ganz viele Menschen mit Essen versorgen.

Die ersten Traktoren waren noch sehr klein. Onkel Hubertus holt für die Kinder einen kleinen alten Traktor aus der Scheune. Julius und Marike dürfen auf den Sitz klettern. Marike ist jetzt eine echte Bäuerin, wie Tante Barbara! Der Traktor hat vorne eine Ladefläche. Das ist ein Geräteträger. Besonders komfortabel ist der alte Traktor nicht, finden die Kinder. Heute sitzt der Fahrer in einer Kabine mit großen Fenstern. Der Sitz ist gut gefedert. Auch für Kinder gibt es einen Sitz. Der Traktor hat eine Heizung, eine Klimaanlage und ein Radio. Ganz moderne Traktoren lenken sogar automatisch schnurgerade über Satelliten.

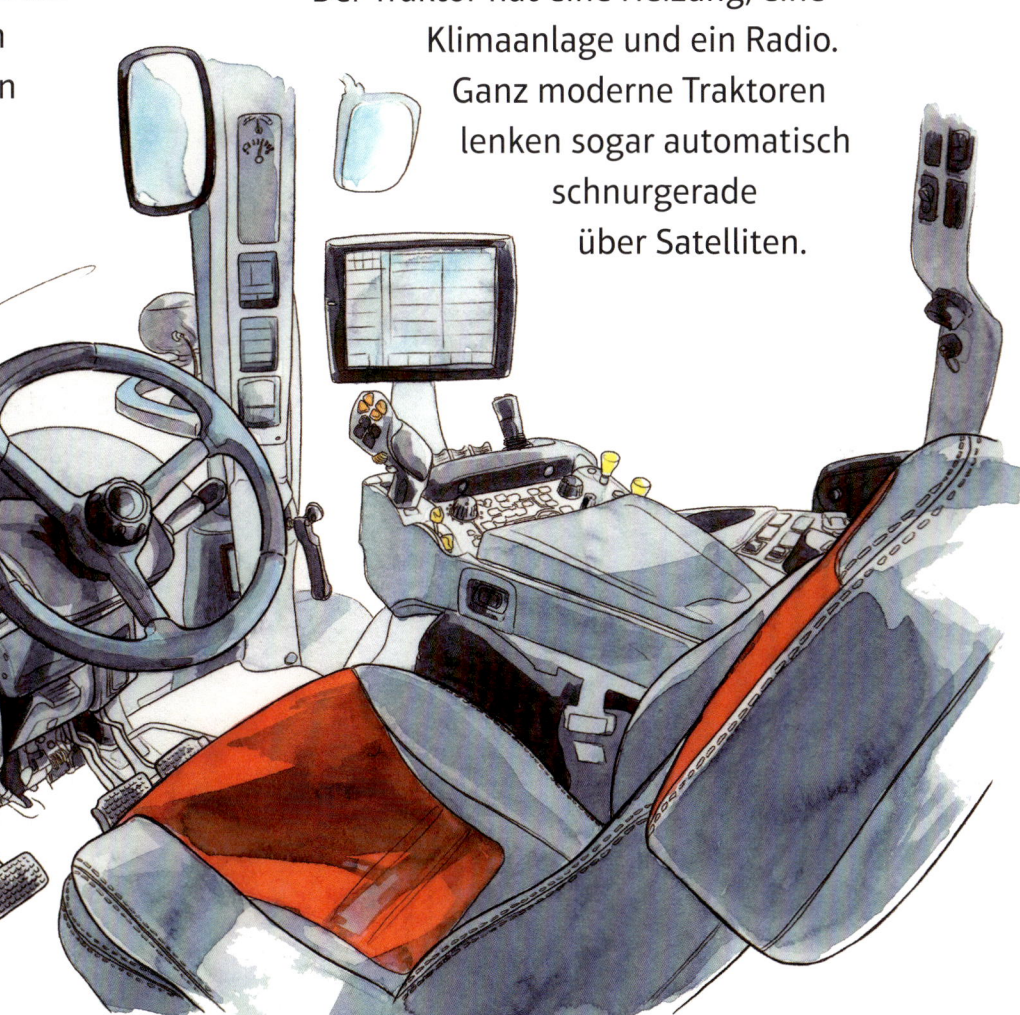

KORN FÜR KORN INS BETT

Tante Barbara und Onkel Hubertus haben die Felder gepflügt. Aber der Boden ist noch viel zu grob für die Samen. Er muss zur Saat weiter bearbeitet werden, die Bauern sagen dazu: „ein Saatbett bereiten".
Nachdem Marike und Julius versucht haben, die Erde mit einer Harke fein zu machen, überlassen sie die Arbeit lieber den Maschinen: „Puh, ist das anstrengend!"

Barbara und Hubertus haben große Geräte an den Traktor gehängt. Die Arme vorne am Traktor tragen eine Walze. „Wofür ist das denn?", wollen die Kinder wissen. Das Gerät heißt Packer. Die Ringe zerdrücken die groben Bodenschollen. Die Erde ist jetzt schon viel feiner. Aber noch nicht fein genug. Deshalb hängt an den hinteren Armen des Traktors eine schwere Maschine: die Kreiselegge. Unten drehen sich viele kleine Kreisel im Boden und zerkleinern ihn weiter.

Oben auf der Kreiselegge hockt ein großer Kasten. Dort sind die Samenkörner drin. Die Sämaschine verteilt die Körner ganz gleichmäßig. Die richtige Menge hat Hubertus genau eingestellt. Durch Rohre rutschen die Körner in eine Rille, die Drillschare in den Boden gezogen haben. Zum Schluss deckt die Sämaschine die Saat mit lockerem Boden ab.

„Und wann kommen die kleinen Pflanzen aus dem Boden?" Julius ist schon ganz ungeduldig. Barbara erklärt es ihm: „Wenn der Boden feucht genug ist, keimen die Körner schon nach wenigen Tagen. Wenn Du in zwei Wochen wiederkommst, kannst Du Reihen mit grünen Pflänzchen sehen." Hubertus hat den Kindern ein paar Samenkörner gegeben, die sie in einem Blumentopf aussäen. Jetzt haben sie ihr eigenes Feld.

AUS SAMEN WERDEN PFLANZEN

Eine Sämaschine verteilt die Samenkörner in der Erde. Damit lassen sich alle Getreidearten, wie Gerste, Weizen oder Hafer, aussäen. Manche nennen die Sämaschine auch Drillmaschine. Für Mais oder Zuckerrüben braucht man spezielle Sämaschinen. Die sind noch viel genauer und legen die Saat Korn für Korn in eine Bodenrille und drücken sie fest.

Auf einer Fläche von 1 mal 1 Meter verteilt die Sämaschine beim Getreide rund 300 Samenkörner. Daraus entwickeln sich später 500 bis 600 Halme, die eine Ähre tragen. In einer Ähre sind wieder viele neue Körner, beim Weizen können es bis zu 50 sein.

PFLANZEN LIEBEN MIST

„Iii, das stinkt!!!!" Julius und Marike halten sich die Nase zu und lachen. Barbara lädt gerade mit dem Frontlader-Traktor Mist auf den Streuwagen. Der Mist kommt aus dem Stall. Klar, die Tiere können ja nicht aufs Klo gehen. Damit es trotzdem im Stall schön trocken bleibt, streuen Tante Barbara und Onkel Hubertus regelmäßig Stroh aus. „Wo bringt ihr den Mist hin?", will Marike wissen. „Aufs Feld, der Mist ist wertvoller Dünger für die Pflanzen", sagt Hubertus.

NAHRUNG ZUM WACHSEN

Genau wie ein Kind braucht auch eine Pflanze Nährstoffe zum Wachsen. Die Wurzeln nehmen die Nahrung zusammen mit dem Wasser aus dem Boden auf. Aber der Vorrat in der Erde reicht nicht aus, wenn man viel Getreide ernten möchte. Also muss der Bauer seine Felder düngen. Er kann das mit Mist, mit Gülle – das ist Mist ohne Stroh – und mit dem künstlichen Dünger tun. Vorher schickt er eine Bodenprobe von jedem Feld zu einem Labor. Die Leute im Labor gucken nach, was fehlt und sagen dem Bauern, wie viel er düngen muss. Der Bauer muss genau festhalten, wie viel er gedüngt hat.

Julius und Marike dürfen mit dem Traktor und dem Dungstreuer mit aufs Feld fahren. Hinten am Streuer sitzen mächtige Walzen, die sich sehr schnell drehen. Sie verteilen den Mist, den Barbara aufgeladen hat, gleichmäßig auf dem Feld. Julius überlegt: „Onkel Hubertus, reicht der Mist denn für alle Pflanzen?" Hubertus freut sich über die Frage: „Mensch Julius, du fragst schon wie ein richtiger Bauer! Leider reicht der nicht. Damit wir im Sommer mehr Getreide ernten können, müssen wir noch Dünger kaufen."

Dieser Dünger wird künstlich hergestellt. Die kleinen runden Körnchen enthalten aber die gleichen Nährstoffe wie Mist. Zum Verteilen baut Hubertus einen großen, roten Trichter hinten an den Traktor – den Düngerstreuer. Unter dem Trichter drehen sich zwei Scheiben mit kleinen Schaufeln. Die werfen die Düngerkügelchen bis über 30 Meter weit – und viel genauer, als ein Mensch das könnte. Das ist wichtig, denn Dünger ist sehr teuer und Hubertus möchte, dass er genau dahin kommt, wo die Pflanze ihn braucht. „Ich darf nicht zu viel düngen, dann geht es der Pflanze genau wie euch, wenn ihr zu viel Süßes esst!" Die Kinder wollen auch düngen. Julius und Marike bekommen von Hubertus einige Düngerkörnchen für ihre Pflanzen im Blumentopf.

DAS GETREIDE BRAUCHT PLATZ

Heute sind Julius und Marike auf dem Feld. Am Rand blühen bunte Blumen. „Warum wachsen keine Blumen auf dem Feld?", fragt Julius. „Wenn da überall Kräuter und Disteln wachsen, kann sich das Getreide nicht entwickeln. Die Wildpflanzen sind einfach schneller und größer als das Getreide und erdrücken es.

Dann ernten wir später viel weniger oder gar nichts", sagt Hubertus. „Hast Du das denn alles mit der Hand rausgerupft? Das ist doch viel zu groß, das Feld", meint Marike.

„Nee", sagt Hubertus, „da sind wir im Frühjahr mit einer Feldspritze drüber gefahren." Am Graben und am Rand hat Onkel Hubertus das Gerät abgeschaltet und die Blumen wachsen lassen. Und an einigen Stellen haben Tante Barbara und Onkel Hubertus extra Blumenstreifen ausgesät, um den Insekten Nahrung zu bieten.

„Kann man Wildkräuter auch ohne Spritze entfernen?", wollen die Kinder wissen. „Ja, kommt mal mit", sagt Barbara. Sie bearbeitet heute den Mais mit einer Hacke, die Kinder dürfen mitfahren. Dabei muss sie genau steuern und aufpassen, dass dem jungen Mais nichts passiert. Am Rand hacken die Kinder einige Kräuter mit einer Harke aus. Ganz schön anstrengend!

MIT SPRITZE ODER HACKE?

Wildkräuter nehmen dem Getreide Wasser, Dünger und Licht weg. Deshalb muss der Bauer sie auf dem Feld entfernen. Viele machen das mit einer Feldspritze. An einem Balken hängen Düsen, die ein Mittel verteilen. Das macht dem Getreide nichts aus, aber die Kräuter vertrocknen dadurch. Damit der Bauer das darf, muss er eine Ausbildung haben. Und mit der Feldspritze muss er regelmäßig zu einer Kontrolle fahren. Wie mit einem Auto zum TÜV. Natürlich darf er nur erlaubte Mittel nehmen. Ein Bio-Bauer arbeitet anders: Er kratzt die Kräuter mit einer großen Hacke am Traktor aus dem Boden, oder mit einer Art Kamm, den nennt man Striegel. Dabei muss es trocken sein, damit die rausgerupften Kräuter nicht weiterwachsen. Und der Bauer muss öfter übers Feld fahren.

DER GROSSE RASENMÄHER

Das Wetter ist toll. Es ist Anfang Mai, als Julius und Marike übers Wochenende wieder Hubertus und Barbara besuchen. Heute soll die Grasernte auf dem Maierhof beginnen. Immer wieder checkt Onkel Hubertus seine Wetterapp auf dem Handy: Jetzt darf es zwei Tage nicht regnen! Denn das Gras muss auf dem Feld trocknen.

Marike und Julius helfen, die Mähwerke an den Traktor zu bauen. Die Mähwerke sehen wie riesige Rasenmäher aus. Sie schneiden das Gras ein paar Zentimeter über dem Boden ab und werfen es hinten aus. „Bleibt das so da liegen? Unser Rasenmäher zu Hause hat aber einen Sammelkorb!"

GRAS AUF WIESEN UND WEIDEN

Gras ist wertvolles Futter, besonders für Milchkühe. Es enthält viele wichtige Nährstoffe, vor allem Eiweiß. Die erste Grasernte findet meist Anfang Mai statt. Wenn es im Sommer genug regnet und der Boden ausreichend Nährstoffe hat, kann der Bauer das Gras bis zu fünf Mal im Jahr ernten.

Feldgras steht nur ein bis drei Jahre auf dem Acker. Dann macht es wieder Platz für Getreide oder eine andere Frucht. Wiesen und Weiden sind immer grün, man nennt sie auch Dauergrünland. Eine Wiese nutzt der Bauer nur für die Grasernte. Auf einer Weide kann er Gras ernten oder die Tiere weiden lassen. Kühe und Pferde genießen den Sommer auf der Weide unter freiem Himmel!

„Ja, Marike. Das Gras muss erst trocknen, bevor wir es aufsammeln können", erklärt Tante Barbara. Julius hat schon eine weitere Maschine entdeckt, die er noch aus dem vorigen Jahr kennt: „Dahinten steht der Wender!"

Der Wender hat drehende Kreisel mit langen Eisenfingern. Die Finger heben das Gras vom Boden auf und werfen es nach oben. Wind und Sonne können die lockere Schicht jetzt viel besser trocknen.

Wenn das Gras trocken genug ist, holt Onkel Hubertus den Schwader. Der sieht fast genauso aus wie der Wender. Nur ziehen die Eisenfinger das Gras jetzt zu einer langen Wurst zusammen. Schwad nennen Barbara und Hubertus den langen Grashaufen. Mit einem Rechen helfen die Kinder, die letzten Grasreste vom Rand auf das Schwad zu ziehen. Es duftet herrlich nach Gras und Kräutern!

SAUERKRAUT FÜR DIE KÜHE

Glück gehabt! Es hat nicht geregnet und das Gras ist richtig getrocknet. Wie dicke Raupen liegen die Schwaden nebeneinander. „Müssen wir das jetzt alles aufladen?", will Julius wissen. „Nein, nein. Gleich kommt der Häcksler!", erklärt Tante Barbara.

Die große Maschine hat vorne eine Art Förderband mit Stacheln und kann so das Gras vom Boden aufsammeln. Im Häcksler zerschneidet eine Trommel mit ganz vielen Messern die Grashalme in kurze Stücke – häckseln nennen die Bauern das. Durch ein gebogenes Rohr bläst der Häcksler die Grasschnipsel dann auf einen Anhänger, der neben dem Häcksler herfährt. „Braucht man immer einen Häcksler und viele Anhänger?", fragt Marike. Hubertus erklärt es den Kindern: „Nein, das geht auch mit einem Ladewagen. Das ist ein großer Anhänger, der das Gras vom Boden aufsammeln kann. Eine Walze mit langen Fingern drückt die Halme dann durch eine Reihe von Messern. Auf dem Silohaufen spuckt der Ladewagen die Grasschnipsel wieder aus."

„Was machen wir mit den Grasschnipseln?" Julius kann sich immer noch nicht vorstellen, was damit geschieht. Die Anhänger kippen die Schnipsel auf einen Haufen. Ein großer Traktor walzt das Gras fest. Wenn es fertig ist, nennt man das einen Silohaufen. Zum Schluss kommt noch eine dicke Folie drüber. „Hier darf keine Luft rein, sonst verdirbt das Futter!", sagt Barbara. Alle auf dem Hof helfen bis abends mit, Sandsäcke auf die Folie zu legen, damit diese nicht wegflattert.

Und was passiert jetzt? „Bakterien wandeln das Gras in haltbares Futter für den Winter um. Das nennen wir Silage. Das funktioniert wie beim Sauerkraut, das ihr so gerne esst." Die Kinder wollen auch Silage machen: Sie stopfen Gras in ein Glas, bis keine Luft mehr drin ist – wie beim Festwalzen mit dem Traktor. Jetzt kommt ein Deckel drauf – dicht! Nach ein paar Wochen wird aus dem Gras im Glas haltbare Silage.

WAS IST SILAGE?

Damit man das Gras vom Grünland auch im Winter an die Tiere verfüttern kann, muss man es haltbar machen. Das geht am besten durch das Silieren: Etwa einen Tag, nachdem das Gras gemäht wurde, zerkleinert man die Grashalme, presst die Luft heraus und deckt das Ganze mit einer Folie ab. So kann keine Luft mehr in den Haufen gelangen. Denn die eigentliche Arbeit übernehmen die Milchsäurebakterien. Sie sind ganz klein und mögen überhaupt keine Luft. Das Gras enthält auch Zucker und davon leben die Bakterien. Sie wandeln einen Teil des Zuckers in Säure um – eben wie beim Sauerkraut. Jetzt verdirbt das Gras nicht mehr – wenn keine Luft hereinkommt. Die Tiere fressen das etwas saure Futter übrigens sehr gerne. Neben dem Gras kann man auch Mais so haltbar machen – aber dazu später mehr.

DARUM KOMMT DAS FUTTER IN DIE TÜTE

Am letzten Abend ist es spät geworden. Es hat fast bis in die Nacht gedauert, bis der Grashaufen mit der Folie abgedeckt war. Als die Kinder noch müde am nächsten Morgen auf den Hof kommen, sehen sie auf der Wiese beim Nachbarbauern große weiße Kugeln liegen. „Hey Hubertus! Komm schnell, da liegen riesige Bälle!" So etwas haben die beiden noch nie gesehen.
Hubertus erklärt, was in den Bällen steckt – nämlich auch Grassilage!

DIE SONNE TROCKNET DAS HEU

Heu ist getrocknetes Gras. So wird es haltbar für den Winter, hier hilft die Natur. Besonders wertvoll ist Heu von Bergwiesen, es enthält viele gesunde Kräuter. Warum machen Hubertus und Barbara nicht alles Gras zu Heu? Dann brauchen sie keinen teuren Häcksler und nicht so viel Folie. Das Problem ist das Wetter: Das Heu liegt zum Trocknen einige Tage unter freiem Himmel. So lange die Sonne scheint, geht alles gut. Nur wenn es regnet, kann das Heu nicht weiter trocknen. Wenn es länger regnet, verdirbt das Heu, während die Silage schon längst sicher unter der Folie liegt.

„Warum kippt der Nachbar das Gras nicht einfach auf den Haufen?" Wenn das Gras nicht für einen großen Haufen reicht, kann man es mit einer Presse zu runden Ballen formen. Ein Arm wickelt eine Folie um den Ballen, macht das Ganze luftdicht und die Bakterien gehen an die Arbeit. Barbara sagt, dass besonders Pferde das Futter aus der Tüte lieben.

Auch auf dem Maierhof hat der Häcksler gestern nicht alles Gras geerntet. Ein Teil liegt noch auf der Wiese. Daraus möchten Barbara und Hubertus Heu machen. Das Gras muss dafür länger an der frischen Luft liegen, damit es richtig trocknet. Hubertus spannt den Wender hinter den Traktor und die Kinder dürfen mitfahren. Nur wenn die Sonne kräftig scheint und vielleicht ein warmer Wind weht, können die Bauern übermorgen gutes Heu einfahren.

„Kommt dann wieder der Häcksler?", will Julius wissen. Die große Maschine hat ihm gefallen. „Nee, Heu wird zu Ballen gepresst", lacht Barbara. Nach zwei Tagen ist es so weit: Die Presse ist ein großer Kasten. Vorne sitzt ein Förderband mit Stacheln. Damit nimmt die Presse das trockene Gras vom Boden auf. Nach einiger Zeit bleibt der Traktor stehen, die Presse öffnet sich hinten und ein großer runder Heuballen kullert heraus. Julius und Marike klettern auf die Ballen. Es duftet herrlich nach Sommer! Vor allem für Pferde gibt es auch kleinere eckige Heuballen.

WAS WÄCHST DENN DA?

Es ist Sommer. Das Getreide auf den Feldern hat sich prächtig entwickelt. Die Kinder unternehmen mit Barbara eine Radtour. Barbara hat sich ein Ratespiel einfallen lassen: Marike und Julius müssen abwechselnd raten, welches Getreide auf dem Feld steht, an dem die drei gerade vorbeifahren. Das ist gar nicht so einfach, einige Arten sehen sich sehr ähnlich.

Die Bauern säen das Getreide entweder im Herbst oder im Frühjahr. Das im Herbst gesäte Getreide nennt man Wintergetreide, weil es auf dem Feld überwintert. Das andere heißt Sommergetreide. Der größte Teil unseres Getreides ist Wintergetreide. Zuerst sehen die Pflanzen wie ganz gleichmäßig gewachsenes Gras aus. Die Halme werden länger und länger. Dann, so im Mai, zeigen sich schon die Ähren mit den Körnern. „Ährenschieben" nennt Hubertus das. In den nächsten Monaten lenkt die Pflanze möglichst viel Energie in die Körner. Ab Juli reift das Getreide, es wird jetzt goldig gelb. Wie beim Heu sollte es bei der Ernte nicht regnen. Denn die Körner müssen möglichst trocken ins Lager.

SO HEISSEN DIE PFLANZEN AUF DEM FELD

Roggen: Der Roggen wächst vor allem auf sandigen Böden, er ist sehr genügsam und hat besonders lange Halme. Wie die Gerste trägt auch der Roggen Grannen an den Körnern. Roggen kann man als Futter und als Brotgetreide verwenden. Roggenmehl ist oft in dunklen Vollkornbroten enthalten.

Hafer: Die Bauern säen den Hafer im zeitigen Frühjahr. Die Körner hängen nicht zusammen in einer dicken Ähre am Halm, sondern verzweigt. Rispen nennen die Bauern das. Hafer ist ein wertvolles Futter, vor allem Pferde lieben ihn. Außerdem können wir ihn gut essen, z. B. als Haferflocken. Es gibt sogar Milch aus Hafer.

Gerste: Die Gerste gibt es als Winter- und Sommergetreide. Man erkennt sie an den langen Haaren vorne an den Körnern. Die Haare heißen Grannen und können ganz schön piksen. Gerste ist vor allem ein Futtergetreide für die Tiere. Aus Sommergerste stellt man außerdem Malz her, und das braucht man zum Bierbrauen.

Weizen: Unser wichtigstes Getreide: Vor allem in hellem Brot und Brötchen steckt viel Weizenmehl. Auch als Tierfutter ist der Weizen wichtig. Der meiste Weizen ist Wintergetreide. Die Pflanze liebt gute, nährstoffreiche Böden. Dann erbringt der Weizen hohe Erträge.

Triticale: Das ist eine Kreuzung aus Weizen und Roggen. Den größten Teil der Ernte verwendet man als Tierfutter. Man kann das Mehl aber auch zum Backen nehmen.

Raps: Der Raps ist kein Getreide, sondern eine Blattfrucht. Man erkennt ihn ab April an seinen leuchtend gelben Blüten. Die dunklen kleinen Körner des Rapses enthalten viel Öl. Deshalb kann man Salatöl oder auch Treibstoff für Autos daraus machen.

Mais: Diese Pflanze stammt ursprünglich aus Mexiko und ist heute die wichtigste Ackerpflanze weltweit. Bei uns braucht man den Mais vor allem als Futterpflanze und zur Energieerzeugung. Aus den Körnern einiger Maissorten kann man Popcorn, Cornflakes oder Nachos machen.

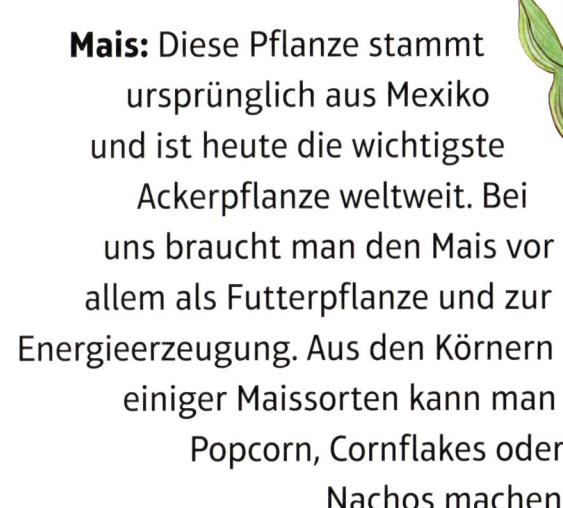

DIE HÜHNER HABEN EINEN WOHNWAGEN

Marike und Julius lieben Eier zum Frühstück. Die Eier stammen vom Nachbarhof. Hier hat der Bauer Michael zwei Hühnermobile. „Hühnermobile? Was ist denn das?", wollen die Kinder wissen, bevor sie zu Michael radeln.

„Das ist so etwas wie ein Wohnwagen für Hühner. Die sieht man jetzt immer öfter", erklärt Hubertus den Kindern. Das Hühnermobil von Michael steht mitten auf der grünen Wiese. Die braunen Hühner laufen um das Mobil und picken auf dem Boden herum. Sie sind ständig auf der Suche nach Futter. Michael ist gerade am Mobil und will die frischen Eier einsammeln. Die Kinder klettern mit ihm in den Wagen.

Über eine Rampe können die Hühner in ihren Wohnwagen laufen. Im Mobil gibt es für sie Futter und Wasser. Ein automatisches Förderband transportiert den Mist der Tiere nach draußen. Außerdem finden die Hennen hier Sitzstangen und Nester. Auch an den Nestern gibt es ein Förderband. Es transportiert die zerbrechlichen Eier zu einer Sammelstelle in einem abgetrennten Raum. „In einem Wohnwagen können 200 Hühner leben, manchmal auch mehr", erklärt Michael. Wenn es dunkel wird, klettern die Hühner von selbst in den Wagen und die Klappen schließen sich, damit kein Fuchs oder Marder die Hühner holen kann. Ein Ventilator sorgt dann für frische Luft im Mobil. Die Kinder packen ein halbes Dutzend Eier in eine Schachtel – das sind sechs Stück. Vorsichtig geht es mit der zerbrechlichen Fracht zurück zum Maierhof.

BRAUNE UND WEISSE EIER

Hühner, die Eier legen, nennt man Legehennen. Nur weibliche Tiere legen Eier. Je nach Farbe der Eier gibt es Weißleger und Braunleger. Meist legt ein Huhn mit weißen Federn weiße Eier und eines mit braunem Gefieder braune. Die braunen Eier sind oft etwas größer. In den Mobilen leben überwiegend die braunen Hennen, sie fühlen sich im Freien wohler. Eine Henne legt bis zu 280 Eier im Jahr.

DER MÄHDRESCHER KOMMT

„Kommt ihr mit zum Feld? Wir wollen sehen, ob der Weizen reif ist!", ruft Barbara den Kindern zu. Mit den Fahrrädern geht es raus aufs Feld. Tante Barbara trägt einen kleinen Kasten bei sich. „Damit kontrolliere ich, ob die Körner trocken genug für die Ernte sind." Die Kinder pflücken an verschiedenen Stellen Ähren ab und reiben die Körner zwischen den Händen heraus. Nachdem Barbara die Körner in das Gerät gefüllt hat, liest sie die Feuchtigkeit von der Anzeige ab: „Heute kann der Mähdrescher kommen!" Die Kinder freuen sich!

Der Mähdrescher mäht die Halme ab, drischt die Körner aus den Ähren und trennt sie vom Stroh. Und das geht so: Eine große Walze mit Fingern zieht die abgeschnittenen Halme in den Mähdrescher. „Haspel" sagt Barbara dazu. Im Bauch der Maschine schlägt eine Trommel die Körner aus den Ähren, das ist das Dreschen. Die Körner fallen dann durch ein Sieb unter der Trommel. Durch Schütteln, Sieben und mit Wind aus einem Gebläse trennt der Mähdrescher alles ab, was nicht ins Korn gehört.

Das Stroh kommt hinten aus dem Mähdrescher heraus. Für das saubere Korn geht's jetzt aufwärts in den Korntank des Mähdreschers. Sobald der Korntank voll ist, klappt der Mähdrescherfahrer an der Seite ein großes Rohr aus. Hierdurch fließt das Getreide wie in einem goldenen Strahl auf den Anhänger, der neben dem Mähdrescher herfährt. Dabei muss der Fahrer aufpassen, dass nichts daneben läuft – denn das Ganze geschieht während der Fahrt. Abends ist Erntefest auf dem Maierhof. Hubertus und Barbara haben das frische Korn gemahlen und knuspriges Brot gebacken. Für die Kinder gibt es Stockbrot am Lagerfeuer. Auch Marike hat mit einem sauberen Stein das Korn gemahlen. Ihr Mehl ist ebenfalls im Stockbrot.

DRESCHEN IM WINTER?

Früher waren Mähen und Dreschen noch getrennt. Auf dem Feld schnitt man die Halme mit einer Sense ab und band sie zu sogenannten Garben, das sind Bündel, die zum weiteren Trocknen auf dem Acker aufgestellt wurden. Mit dem Pferdewagen transportierten die Bauern die Garben dann in die Scheune. Das Dreschen fand oft erst im Winter statt. Mit Stöcken – den sogenannten Flegeln – schlug man auf die Halme, um die Körner aus den Ähren zu holen. Später zogen große Dreschmaschinen im Winter von Hof zu Hof. Sie wurden anfangs oft von Dampfmaschinen angetrieben.

Der Mähdrescher erledigt das Mähen und das Dreschen heute in einem Arbeitsgang direkt auf dem Feld. Die Ernte ist dann in wenigen Wochen erledigt. Er kann Getreide, Mais oder auch Raps ernten.

EINE BURG AUS STROH

Heute spielen die Kinder mit ihren Freunden im Stroh. Was ist eigentlich Stroh? Hinten aus dem Mähdrescher fallen die Halme ohne Körner wieder heraus. Das ist das Stroh – es ist goldgelb. Heu ist grün und getrocknetes

Gras, Stroh sind die ausgedroschenen Getreidehalme. Der Mähdrescher kann das Stroh auch direkt zerkleinern – häckseln. Dann bleibt es auf dem Acker liegen. Die Bauern mischen es mit dem Grubber in den Boden ein – das Stroh wird zu Dünger und vor allem die Regenwürmer freuen sich darüber.

Auf einigen Feldern möchten Barbara und Hubertus das Stroh ernten. Der Mähdrescher legt es dazu in langen Haufen, den Schwaden, ab. Eine Presse macht daraus dann große, eckige Strohballen. Vorne gibt es wieder eine Walze mit Metallfingern, die das Stroh vom Boden aufsammeln. Innen in der Presse

saust ein mächtiger Kolben hin und her und stampft das Stroh zu Platten zusammen, die nach und nach den Ballen bilden. Zum Schluss kommen noch ein paar Bänder drum – fertig! Die Kinder wundern sich: „Guck mal Julius, die Presse kann sogar Knoten machen!" Das geht so schnell, dass man es kaum sehen kann.

Mit dem Frontlader lädt Barbara die Ballen auf einen Anhänger, der sie zum Hof transportiert. Auf dem Hof haben sich Barbara und Hubertus etwas Besonderes einfallen lassen: Mit dem Lader stapelt Hubertus in der Scheune einige Ballen geschickt aufeinander, sodass eine Burg entsteht. Die Kinder toben und klettern mit Freunden und dem Hund Amy bis spät in den Abend auf der Strohburg herum.

STROH IST DAS BETT DER TIERE

Stroh braucht man vor allem als Einstreu für Vieh- und Pferdeställe. Dabei wird das Stroh zu Mist, also zu wertvollem Dünger. Aber auch als Futter eignet sich Stroh. Die Tiere mögen besonders Gersten- und Haferstroh. Übrigens: Bei der Produktion von Champignons wird ebenfalls Stroh benötigt. Außerdem kann man Stroh als Baustoff verwenden oder damit heizen.

WAS IST DENN GRUBBERN?

Erntezeit ist Hochbetrieb auf dem Maierhof. Auch die Kinder haben kaum Zeit zum Schlafen. Bis tief in den Abend müssen Barbara und Hubertus das Korn vom Feld holen oder Stroh pressen. Kaum sind die Strohballen auf dem Hof eingelagert, baut Hubertus ein neues Gerät an den Traktor. „Wofür brauchst Du die Egge?", fragt Marike. „Das ist der Grubber", erklärt Hubertus. „Aber Du hast recht – mit den Zinken sieht der fast wie eine Egge aus".

MISCHEN UND LOCKERN

Körner und Unkräuter zum Keimen bringen, Stroh einmischen und den Boden lockern: Das sind die wichtigsten Aufgaben der Stoppelbearbeitung. Mit der richtigen Stoppelbearbeitung hält der Bauer den Boden und den Acker gesund. Nach einigen Wochen bearbeitet man den Acker ein zweites Mal, aber etwas tiefer. Oder man pflügt den Boden um. Dann folgt im Herbst die Saat von Wintergetreide, also meist von Weizen oder Gerste. Der Rapssamen muss noch im Sommer in den Boden, die Pflanzen brauchen zum Wachsen länger als das Getreide.

Die Kinder fahren mit raus aufs Feld. Der Grubber reißt den Boden mit den Getreidestoppeln auf. „Beim Mähdreschen fallen immer einige Körner hinten aus der Maschine heraus. Wenn ich den Boden bearbeite, keimen diese Körner und auch das Unkraut wächst." Zwei Wochen später arbeitet man diesen Aufwuchs mit dem Grubber in den Boden ein. So stören die Pflänzchen später nicht die neue Saat.

Wenn das Stroh nicht abtransportiert wurde, muss es in den Boden eingearbeitet werden. Nur so kommen die Würmer und die anderen Bodentierchen an das Stroh und können es in wertvollen Dünger verwandeln.

Die Kinder nehmen etwas von dem gelockerten Boden mit den Stoppelresten mit nach Hause. Dort füllen sie die Erde in einen Blumentopf, den sie sich bei Tante Barbara ausleihen. „Wenn ihr jetzt fleißig gießt, dann ist der ganze Topf in wenigen Tagen grün!" Die Kinder können es kaum erwarten, bis sich die ersten Pflänzchen zeigen.

DIE KARTOFFELN STECKEN IN DÄMMEN AUS ERDE

Es ist Herbst und damit Erntezeit für Kartoffeln. Der Traktor zieht jetzt den Roder – so heißt die Erntemaschine bei Kartoffeln. Die Kinder dürfen oben auf dem Roder mitfahren, hier gibt es einen sicheren Standplatz. An der Seite nimmt der Roder den Erddamm auf. Ein Förderband mit Stäben, die Siebkette, trennt die Erde von den Kartoffeln und fördert die Knollen weiter in die Maschine. Gummifinger entfernen das Kraut und die restliche Erde. Alles muss schonend gehen – Kartoffeln sind seeeeehr empfindlich. Barbara und Hubertus picken mit flinken Fingern Erdreste und

Steine vom Sortierband. Danach landen die Kartoffeln in einem großen Behälter auf dem Roder. Am Feldrand fördert der Roder die Kartoffeln dann auf einen Anhänger, der sie zum Hof bringt.

Gepflanzt haben Barbara und Hubertus die Knollen im Frühjahr. Die Pflanzmaschine legt die Kartoffeln in einer langen Reihe in den Boden und häufelt die Erde genau darüber zu schnurgeraden Dämmen auf. Daran erkennt man einen Kartoffelacker schon von Weitem. Die Dämme sind locker und werden schnell warm – das finden die Kartoffeln prima. Einige Wochen nach dem Pflanzen zeigen sich die Kartoffelpflanzen an der Oberfläche. Das sind grüne, dichte Büsche, die im Sommer tolle weiße Blüten haben. Im Herbst sind die grünen Kartoffelpflanzen verdorrt, doch im Boden wartet die reiche Ernte.

Bereits am Vortag waren die Kinder mit Barbara beim Feld. Mit einer Grabegabel durften Marike und Julius in den Damm

stechen: „Alles voller Kartoffeln", stellte Marike aufgeregt fest. Im Handumdrehen war der mitgebrachte Korb voll. Nachdem sie die Größe der Knollen überprüft hatte, sagte Barbara: „Morgen kann geerntet werden."

Am Abend des Erntetages sitzen die Kinder mit Hubertus und Barbara am Lagerfeuer. Sie wickeln Kartoffeln in Alufolie und decken sie vorsichtig mit der Glut zu. Nach einiger Zeit sind die Kartoffeln gar. Hubertus schneidet sie auf. Für alle gibt es Kräuterquark dazu. Julius und Marike können nicht genug davon bekommen.

DIE TOLLE KNOLLE

Nach dem Pflanzen treiben die Kartoffelknollen in der Erde aus. An diesen Wurzeln bilden sich später neue Kartoffeln. Über die oberirdische, grüne Pflanze gelangen Nährstoffe in die kleinen Kartoffeln, die nach und nach wachsen. Kartoffeln lieben einen warmen, leichten Boden. Es gibt viele verschiedene Sorten: Runde als Speisekartoffeln, längliche für Pommes oder auch Sorten speziell für Chips.

DER HÄCKSLER SCHNIPSELT DEN MAIS KURZ UND KLEIN

Heute ist ein besonderer Tag – Maisernte! Dabei helfen die Nachbarn von Barbara und Hubertus mit ihren Traktoren und Anhängern. Der Mais ist das wichtigste Winterfutter für die Kühe. Die Ernte erledigt der Häcksler. Der Fahrer heißt André und die beiden Kinder dürfen in der geräumigen Kabine mitfahren.

Der Häcksler ist eine große Maschine. Er hat vorne ein Gebiss, mit dem er die ganzen Pflanzen abschneidet und in die Maschine zieht. Im Bauch des Häckslers dreht sich rasend schnell eine Walze mit vielen Messern. Die Messer schnipseln die Maispflanzen in

MAIS ZUM HÄCKSELN UND DRESCHEN

Den Maissamen legt eine Maschine im Frühjahr Korn für Korn in den Boden. Bis zum Herbst entwickeln sich daraus ganz große Pflanzen, fast wie ein kleiner Wald. Die gelben Körner stecken in den Kolben. Den Mais können die Bauern als ganze Pflanze häckseln. Er wird dann zu Kuhfutter oder in einer Biogasanlage zu elektrischem Strom. Wenn man den Mais länger stehen lässt, kann ein Mähdrescher die gelben Körner aus den Kolben holen. Der Rest der Pflanze bleibt dann auf dem Acker. Darüber freuen sich die Regenwürmer.

ganz kurze Stückchen. Dahinter reiben zwei Walzen auch die Körner klein. So kann die Kuh das Futter später besser verdauen. Im hohen Bogen landet der Mais dann auf Tante Barbaras Anhänger. Sie fährt neben dem Häcksler her und muss dabei gut aufpassen, dass sie den richtigen Abstand einhält.

Auf dem Maierhof kippt sie den Mais ab. Ein Radlader schiebt alles auf einen Haufen und walzt die Schnipsel fest. Abends, als der Häcksler alle Pflanzen geerntet hat, helfen die Kinder mit, eine große Folie über den Haufen zu ziehen. Das kennen sie schon von der Grasernte. „So kommt keine Luft in das Silo", weiß Marike.

SÜSSE RÜBEN

Die sehen ja viel kleiner aus als der Mais! Marike und Julius besuchen den Maierhof im späten Herbst und entdecken zusammen mit ihrer Tante das Feld mit den Zuckerrüben. Eine große gelbe Maschine holt die Rüben aus dem Boden. Das ist der Zuckerrübenroder. So eine große Maschine haben die Kinder noch nie gesehen. Vorne zupft eine Walze alle Blätter von der Rübe, bis sie einen ganz blanken Kopf hat. Dann heben Metallspitzen die Rübe aus dem Boden. Über drehende Siebe und einen Aufzug kommen die Rüben in einen Behälter. Das ist der Bunker, erklärt Matthias, der Fahrer des Roders.

Am Ende des Feldes lässt er die Rüben auf einen Berg purzeln. Später lädt eine andere Maschine, die alle die Maus nennen, die Rüben auf den Lkw. Der Laster bringt die Rüben in die Fabrik.

Barbara hat einen Spaten dabei. Zusammen mit den Kindern gräbt sie eine Rübe aus. Die steckt ganz schön tief im Boden! „Die ist schwer!", ruft Julius, als er die Rübe aus dem Boden zieht. Zu Hause waschen die Kinder die Rübe und schneiden mit einem Messer Stückchen heraus. Die Rübe schmeckt süß!

ZUCKER AUS ROHR ODER RÜBE

Zucker wächst auf dem Feld. Bei uns als Zuckerrübe oder in warmen Ländern als Zuckerrohr. Das sind ganz hohe Pflanzen. Die Fabrik verarbeitet die Pflanzen zu braunem oder weißem Zucker. Zucker steckt in vielen Lebensmitteln. Er schmeckt prima. Aber Achtung: Zu viel sollte man nicht davon essen!

WAS FRESSEN DIE KÜHE IM WINTER?

Es ist Winter und die Sonne geht gerade auf. Die Kühe sind schon wach. Sie muhen, ihr Atem dampft. Gleich gibt es Futter! Das macht heute Tante Barbara. Das Futter ist Silage. Marike und Julius haben gesehen, wie der Häcksler Gras und Mais kleingeschnipselt hat. Alles ist in Haufen unter Folie verschwunden. Die Kinder haben ein kleines bisschen probiert. „Iiiiii, das ist sauer!!!", rufen Marike und Julius. Aber den Kühen schmeckt's!

Barbara beißt mit einem Kneifer am Hoflader Gras- und Maissilage aus den Haufen und kippt alles in einen großen Mixer. Der Anhänger hinter dem Traktor heißt Futtermischwagen. Damit die Menge genau zum Rezept passt, gibt es eine Waage am Mixer. Auch etwas Getreide und ein paar andere Zutaten kommen in den Mischer. Jetzt fährt Tante Barbara mit dem Wagen durch den Stall. Aus einer Luke fällt das Futter den Kühen direkt vor die Nase. Sie können den ganzen Tag fressen. Kühe finden das super.

JEDES TIER HAT SEIN EIGENES REZEPT

Klar, im Sommer können die Kühe oft auch auf die Weide. Im Winter fressen sie aber im Stall, weil draußen nichts wächst. Das Futter für den Winter ernten die Bauern schon im Sommer und Herbst. Sie machen es als Silage oder Heu haltbar. Die meisten Tiere bekommen eine Mischung aus verschiedenen Futterarten. Fast so eine Art Eintopf oder Müsli. Das Rezept ist genau auf die Kühe abgestimmt. Kälber, Bullen und sogar Schweine haben eigene Rezepte.

AUCH KÜHE HABEN BETTEN

Im Winter ist es kalt und nass. Und es wächst kein Gras. Dann bleiben die Kühe im Stall. Dort können sie frei herumlaufen. „Deshalb heißt das hier Boxen-Lauf-Stall", erklärt Hubertus. „Und was sind Boxen?", will Marike wissen. „Jede Kuh hat ihren eigenen Liegeplatz. Den nennen wir Box. Guckt mal, da liegt eine weiche Matte drin", zeigt Hubertus. Barbara erklärt den Kindern, dass sich die Kühe fast immer in dieselbe Box legen. Auch

eine Bürste gibt's im Stall. Da lassen sich die Kühe gerne den Rücken kraulen, manche bekommen gar nicht genug davon.

Morgens und abends gehen die Kühe in den Melkstand. Weil es dort eine Extraportion Futter gibt, kommen die meisten von alleine. Im Melkstand setzen Barbara und Hubertus Becher auf die vier Zitzen des Euters. Die Becher nuckeln wie ein Kalb am Euter. Die Milch fließt durch Schläuche und Rohre in einen Tank. Auf manchen Bauernhöfen melkt ein Roboter die Kühe. Er nimmt den Bauern die Arbeit ab.

Nach dem Melken gibt's für die Kinder ein Glas frische Milch. Für Julius mit Kakao. Mmmh!

MILCH FÜR DIE MOLKEREI

Eine Kuh kann im Jahr über 10 000 Liter Milch geben. Damit ließe sich ein kleines Schwimmbecken füllen. Ein Tankwagen der Molkerei holt die Milch auf den Höfen ab. Die Molkerei macht daraus haltbare Trinkmilch, Joghurt oder Käse. Auch in Eis oder Pudding ist Milch. Einige Höfe verkaufen einen Teil der Milch selbst. Dafür gibt es sogar Milchtankstellen.

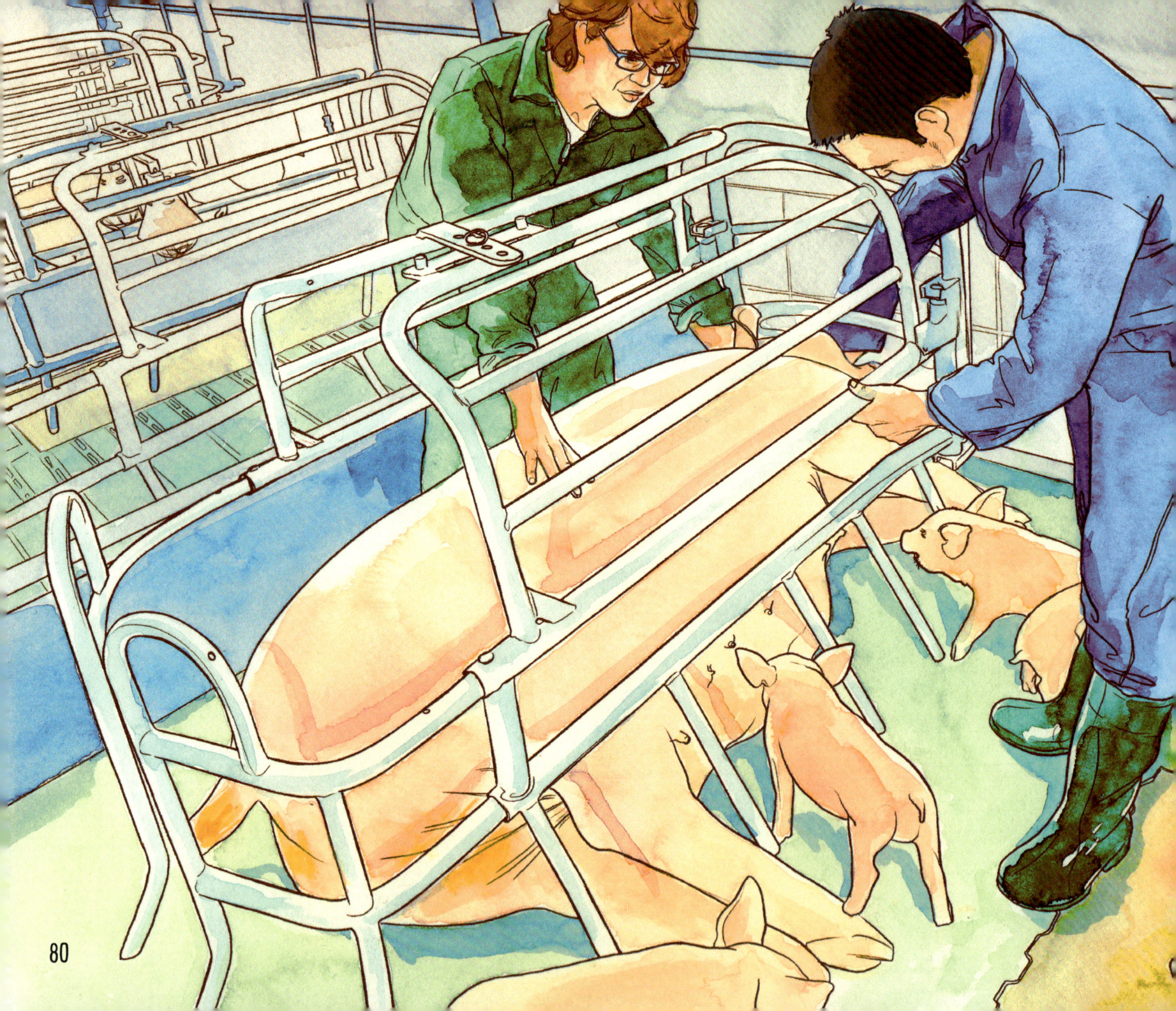

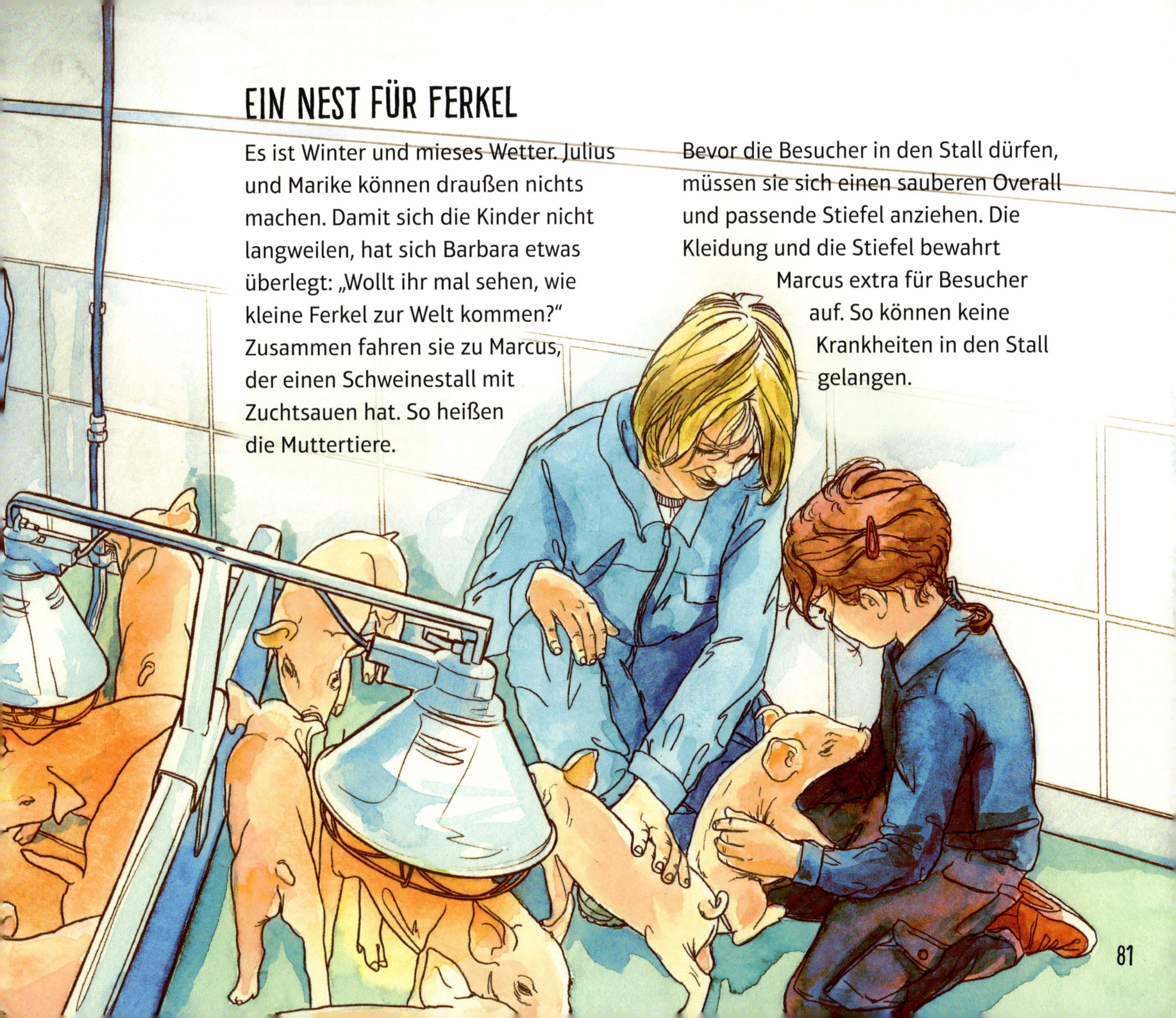

EIN NEST FÜR FERKEL

Es ist Winter und mieses Wetter. Julius und Marike können draußen nichts machen. Damit sich die Kinder nicht langweilen, hat sich Barbara etwas überlegt: „Wollt ihr mal sehen, wie kleine Ferkel zur Welt kommen?" Zusammen fahren sie zu Marcus, der einen Schweinestall mit Zuchtsauen hat. So heißen die Muttertiere.

Bevor die Besucher in den Stall dürfen, müssen sie sich einen sauberen Overall und passende Stiefel anziehen. Die Kleidung und die Stiefel bewahrt Marcus extra für Besucher auf. So können keine Krankheiten in den Stall gelangen.

Bis zu 30 Ferkel im Jahr

Eine Zuchtsau wiegt rund 200 kg, also viermal mehr als Julius. Bis die Ferkel kommen, ist sie drei Monate, drei Wochen und drei Tage schwanger – oder tragend, wie die Bauern sagen. Die Gruppe der Ferkel bei der Geburt nennt man Wurf. Zu einem Wurf können bis zu 14 Ferkel gehören und eine Sau kann im Jahr mehr als zweimal ferkeln. Also schenkt sie bis zu über 30 Ferkeln das Leben.

Später ziehen die Ferkel in einen anderen Stall um. Dort leben sie in größeren Gruppen zusammen. Wenn sie 100 bis 120 kg schwer sind, müssen sie zum Schlachter. Marike und Julius werden etwas traurig, als sie das hören. Aber wenn Menschen Fleisch essen, müssen Tiere geschlachtet werden. Wer das nicht möchte, kann natürlich auch auf Fleisch verzichten und sich als Vegetarier ernähren.

Normalerweise leben die Sauen in einer größeren Gruppe zusammen und können sich die meiste Zeit über frei im Stall bewegen. Wenn der Geburtstermin naht, ziehen die Sauen in einen besonderen Teil des Stalls um.

„Der heißt Abferkelstall", sagt Marcus. Hier hat jede Sau ihren eigenen abgetrennten Platz – eine Abferkelbucht. Sobald die Ferkel da sind, klappt Marcus für einige Tage einen Metallbügel um die Sau.

Julius und Marike wollen wissen warum, schließlich kann sich die Sau dann weniger bewegen. Marcus erklärt es den Kindern: „In den ersten Tagen sind die kleinen Ferkel ziemlich hilflos. Wenn sich so eine große Sau zum Schlafen hinlegt, merkt sie oft gar nicht, wenn ein Ferkel unter ihr liegt. Das kleine Ferkel kann sich verletzen oder sogar ersticken. Der Bügel schützt also das Leben der Ferkel." Oft schließen die Bauern den Bügel nur wenige Tage. Danach haben die Sauen wieder mehr Platz.

Die Sau hat zwei Reihen von Zitzen, aus denen die Ferkel trinken. Die Ferkel liegen nebeneinander oder klettern einfach übereinander her, damit sie an die Milch kommen. Wenn die kleinen Ferkel satt sind, legen sie sich ins Nest unter die rote Wärmelampe und schlafen zufrieden ein.

WIR HOLEN DEN WEIHNACHTSBAUM

Bald ist Weihnachten. Die Kinder sind total gespannt. Heute fahren sie mit Barbara und Hubertus in den Wald und holen einen Weihnachtsbaum. Der Weihnachtsbaum ist eine Fichte. Sie wächst mit vielen anderen jungen Bäumen, dazwischen stehen riesig hohe Bäume. „Das sind die Eltern von unserem Weihnachtsbaum", sagt Onkel Hubertus. Die Samen fallen von den großen Bäumen auf den Boden.

Aber nur, wenn genug Licht auf den Boden kommt, kann daraus ein neues Bäumchen wachsen. Deshalb müssen Barbara und Hubertus einige alte Bäume fällen.

Aus sicherer Entfernung dürfen die Kinder zusehen, wie Barbara einen Baum mit der Motorsäge fällt. Als der Baum umfällt, wackelt der Boden. Ein Lkw wird den Baum später in ein Sägewerk bringen. Die Arbeiter dort machen Bretter und Balken aus dem Baum. Abends klopfen die Kinder ein paar Nägel mit dem Hammer in einen Holzbalken – wie echte Zimmerleute. Ganz schön schwierig!

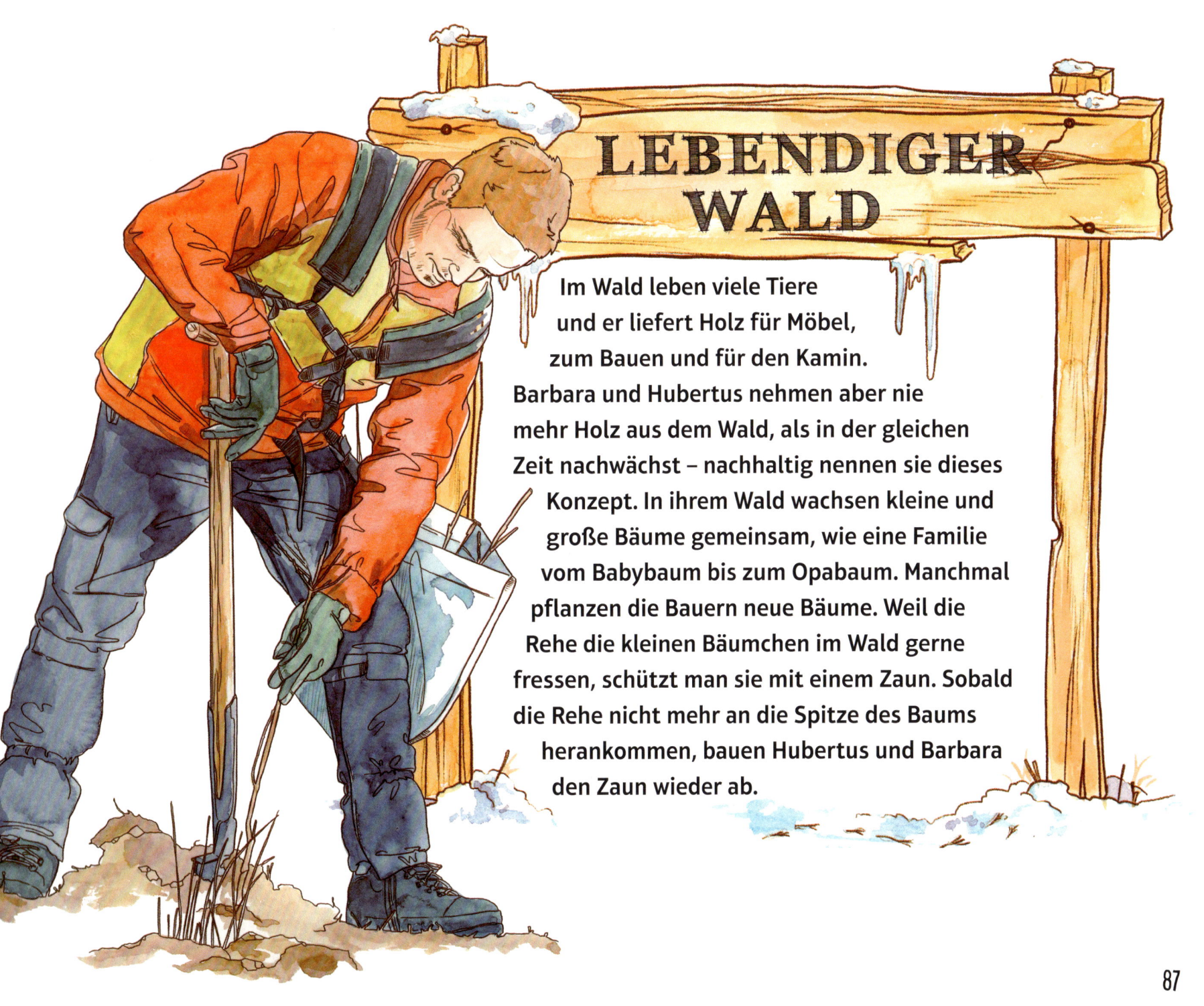

LEBENDIGER WALD

Im Wald leben viele Tiere und er liefert Holz für Möbel, zum Bauen und für den Kamin. Barbara und Hubertus nehmen aber nie mehr Holz aus dem Wald, als in der gleichen Zeit nachwächst – nachhaltig nennen sie dieses Konzept. In ihrem Wald wachsen kleine und große Bäume gemeinsam, wie eine Familie vom Babybaum bis zum Opabaum. Manchmal pflanzen die Bauern neue Bäume. Weil die Rehe die kleinen Bäumchen im Wald gerne fressen, schützt man sie mit einem Zaun. Sobald die Rehe nicht mehr an die Spitze des Baums herankommen, bauen Hubertus und Barbara den Zaun wieder ab.

QUIZ ZUM SCHLUSS

Haben Euch die Abenteuer von Marike, Julius und Amy gefallen? Dann könnt Ihr sicher bei unserem kleinen Quiz zum Schluss mitmachen. Wenn Ihr die Antwort nicht sofort wisst, blättert einfach zurück. Jede Antwort hat einen Buchstaben. Wenn Ihr die Buchstaben der richtigen Antwort am Ende dieses Quiz' in die Buchstabenreihe eintragt, ergibt sich das Lösungswort. Viel Spaß dabei!

1. **Was macht ein Pflug?**
   - A Er reißt den Boden eigentlich nur auf.
   - M Er dreht den Boden um und mischt ihn.
   - Y Er sät das Getreide aus.

2. **Erinnerst Du Dich an den kleinen Regenwurm? Weißt Du, was er im Boden macht?**
   - R Er lockert und mischt den Boden.
   - O Er wohnt da nur und hat keinen Job.
   - T Es gibt gar keine Regenwürmer im Boden.

3. **Marike und Julius lieben es, wenn sie mit Barbara oder Hubertus und dem Traktor unterwegs sind. Woher kommt der Name Traktor?**
   - I Vom lateinischen Wort für „ziehen".
   - C Das hat keine Bedeutung, das hat sich einfach einer mal überlegt.
   - H Vom Wort Transformer, denn die Maschine kann wie ein Transformer ganz viele Dinge erledigen.

4. **Barbara fährt den Traktor mit der Sämaschine. Marike und Amy sind auf dem Feld und Julius füllt mit Hubertus etwas in die Maschine. Was ist das?**
   - E Das sind Samen für das Getreide. Der Bauer nennt das auch Saatgut.
   - I Julius und Hubertus füllen Dünger in den Kasten.
   - N Logisch, da oben kommt Blumenerde rein, sonst wächst ja nichts auf dem Feld!

5. **Barbara lädt Mist auf den Miststreuer. Das stinkt! Was macht Amy dabei?**

   K Amy liebt den Geruch und will immer zum Miststreuer laufen.

   N Amy hat eine ganz feine Nase und kann super riechen. Bei dem Gestank hält sie sich lieber mit der Pfote die Nase zu.

   U Amy mag den Mist überhaupt nicht. Sie ist im Haus geblieben und liegt lieber in ihrem Körbchen.

6. **Beikräuter oder Unkraut sind ein Problem für die Bauern. Warum?**

   J Eigentlich machen sich Barbara und Hubertus umsonst Arbeit. Die Beikräuter stören doch gar nicht.

   D Die Beikräuter wachsen oft schneller als das Getreide. Wenn der Bauer nichts dagegen unternimmt, kann er später viel weniger oder sogar gar nichts ernten.

   C Das Getreide wächst doch viel schneller als das Unkraut. Das regelt sich von alleine.

7. **Im Frühling mähen die Bauern das Gras. Machen sie das, damit die Landschaft wie ein Park aussieht?**

   W Ja, klar. Auch in der Stadt und auf dem Sportplatz mähen die Gärtner doch den Rasen.

   U Das Gras brauchen die Bauern zum Düngen.

   J Quatsch! Das Gras ist wertvolles Futter für die Kühe. Das brauchen die Bauern, damit die Tiere im Winter etwas zu fressen haben.

8. **Wie kann man das Gras für den Winter haltbar machen?**

   J Das Futter kommt in die Kühltruhe, machen wir ja zu Hause auch so.

   A Das braucht man nicht, die Tiere sind auch im Winter auf der Weide.

   U Im Winter wächst auf der Weide fast nichts. Die Bauern machen das Futter als Silage oder Heu haltbar.

9. **Auf der Weide liegen plötzlich große, weiße Bälle in Folie. Was ist das denn?**

   P Das ist ein Kunstwerk.

   O Das sind Schneebälle, die sind nach dem Winter da einfach liegen geblieben.

   I Das sind Grasballen, die in Folie eingewickelt sind. Wenn die Ballen luftdicht verpackt sind, bildet sich Silage und das Futter ist lange haltbar.

10. **Barbara und Hubertus bauen ganz unterschiedliche Pflanzen an. Die Kinder haben sich die Pflanzen zusammen mit Barbara angesehen. Marike zählt drei Pflanzen auf und Julius soll raten, aus welcher man auch Salatöl machen kann.**

    H Hafer

    L Triticale

    U Raps

11. **Die Kinder besuchen das Hühnermobil von Michael. Kannst Du zählen, wie viele Hühner auf dem Bild zu sehen sind?**

    P 29 Hühner laufen und picken vor dem Hühnermobil.

    O 15 Hühner haben sich heute nach draußen gewagt.

    L Es sind heute sogar über 50 Hühner draußen.

12. **Heute kommt der Mähdrescher! Was macht diese riesige Maschine auf dem Feld?**

    V Sie zerkleinert das Getreide als Futter für die Tiere.

    I Der Mähdrescher schneidet die Halme ab und löst die Körner des Getreides aus den Ähren.

    S Der Mähdrescher arbeitet wie ein Grasmäher. Hubertus sammelt die Halme später mit einer anderen Maschine auf und drischt die Körner auf dem Hof aus den Ähren.

13. **Eine Burg aus Stroh – das ist für Marike und Julius ein toller Spielplatz. Sie haben Freunde eingeladen. Wie viele Kinder spielen in der Strohburg?**

    L Vier Freunde und Amy haben tolle Abenteuer in der Strohburg.

    E Da sind gar keine anderen Kinder. Die anderen wollten lieber mit dem Handy spielen.

    A Die ganze Schulklasse ist gekommen, und keiner hat mehr Platz in der Strohburg.

14. **Das ist ja ein komisches Wort! Grubbern?! Warum macht Hubertus das?**

    L Damit das Feld schöner aussieht. Hubertus kann ein riesiges Herz in das Feld malen – für Barbara.

    F Hubertus hat Langeweile und möchte etwas mit den Kindern unternehmen. Grubbern macht man eigentlich im Winter.

    E Mit dem Grubber reißt man den Boden flach auf. Er mischt das Stroh aus dem Mähdrescher ein. Und Körner, die aus dem Mähdrescher gefallen sind, können keimen. Sie werden später eingegrubbert, damit sie die nächste Feldfrucht nicht stören.

15. Es wird Herbst. Barbara und Hubertus können die Kartoffeln ernten. Wie geht das denn?

U Sie müssen alle Kartoffeln mit der Hand ausbuddeln. Ganz schön mühsam!

G Der Traktor zieht einen Kartoffelroder. Die Maschine nimmt den Erddamm zusammen mit den Kartoffeln auf. Die Maschine kann die Kartoffeln von der Erde und dem Kraut trennen. Die Knollen landen dann in einem großen Behälter.

I Kartoffeln kann man mit einem Mähdrescher ernten. Die wachsen ja auch auf einem Feld und zum Ernten von Feldfrüchten ist der Mähdrescher schließlich da.

16. Was kann man mit dem Mais auf dem Feld machen?

R Barbara und Hubertus ernten den Mais mit einem Häcksler. Der schnipselt die Pflanzen klein. Das ist Futter für die Kühe. Und sie können den Mais auch dreschen und so nur die Körner ernten.

A Der Mais steht mehrere Jahre auf dem Feld und wird nachher so groß wie ein Wald!

I Da macht man Salat für Hamburger draus. Barbara und Hubertus verkaufen die Maisstängel komplett an den Supermarkt.

17. Was machen Marike und Julius mit der Zuckerrübe?

Q Sie schnitzen ein schreckliches Gesicht in die Rübe! Es ist bald Halloween und Kürbisse können sie nicht finden.

P Sie schneiden Hundekuchen für Amy aus der Zuckerrübe. Amy ist ein Labrador, und die fressen einfach alles.

N Die Kinder schneiden sich kleine Würfel aus der Rübe und probieren sie. Das schmeckt süß!

18. Die Kühe fressen im Winter Silage. Welchen Geschmack hat dieses Futter eigentlich?

M Die Silage schmeckt wie Sauerkraut, also schön sauer.

U Nein! Die Silage ist süß wie eine Zuckerrübe.

H Silage schmeckt salzig.

19. **Draußen ist es mittlerweile Winter geworden. Die Kühe bleiben lieber im Stall. Was machen die dort den ganzen Tag?**

    S Die Kühe stehen den ganzen Tag rum und machen nichts.

    K Hubertus und Barbara nehmen die Kühe tagsüber an die Leine und gehen mit ihnen Gassi. Das ist ganz schön viel Arbeit.

    I Die Kühe können frei in ihrem Stall herumlaufen. Sie gehen zum Fressen, legen sich dann in ihre Liegebox und zwei Mal am Tag werden sie gemolken. Wenn es mal im Fell juckt, können sie zu einer Kuhbürste gehen und sich kraulen lassen.

20. **Heute besuchen die Kinder einen Schweinestall. Die kleinen Ferkel liegen am liebsten unter der Wärmelampe und kuscheln. Wie viele Ferkel kannst du auf Seite 83 entdecken?**

    Y Da sind fünf Ferkel zu sehen.

    M Sechs kleine Schweine kuscheln sich unter der Wärmelampe aneinander – und eines steht daneben.

    B Ich glaube, das sind über 15 Ferkel unter der Lampe.

21. **Jetzt ist bald Weihnachten. Die Kinder fahren zusammen mit Barbara und Hubertus in den Wald und holen den Weihnachtsbaum. Zu welcher Baumart gehört der Weihnachtsbaum der vier?**

    Y Das ist eine Fichte. Sie hat schöne grüne Nadeln. Man kann aber auch bestimmte Tannen nehmen.

    G Klar, das ist eine Eiche, es soll doch schön aussehen.

    B Ich glaube, die vier holen eine Palme aus dem Wald. Sieht doch viel cooler aus.

LÖSUNGSWORT

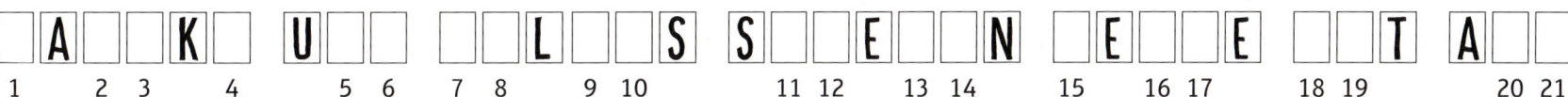

JULIUS UND MARIKE LEBEN EIGENTLICH AUF EINEM BAUERNHOF

Julius und Marike sind Bruder und Schwester. Nur für unser Buch sind sie in die Stadt „gezogen", in Wirklichkeit leben sie auf einem Biohof im Sauerland, das ist in Nordrhein-Westfalen. Sie haben noch zwei Geschwister. Die vier toben gerne im Stroh und haben sogar eigene Hühner!

BARBARA UND HUBERTUS LIEBEN DAS LANDLEBEN

Barbara und Hubertus bewirtschaften einen Bauernhof im Münsterland. Das ist auch in Nordrhein-Westfalen. Sie sind verheiratet und haben drei kleine Kinder. Die beiden Mädchen sind schon so groß, dass sie auf dem Trecker mitfahren dürfen. Das dritte Kind ist noch ein Baby.

SO SEHEN DIE PERSONEN IN WIRKLICHKEIT AUS

NOEMI HAT DAS BUCH ILLUSTRIERT

Noemi verbrachte ihre Schulferien größtenteils auf dem Land und in der Natur. Die freiberufliche Illustratorin fährt nun regelmäßig ins Alte Land, der Heimat ihres Mannes. Dort liebt sie die Fachwerk- und Reetdachhäuser der umliegenden Dörfer und den Ausblick auf die Apfelfelder im morgendlichen Nebel.

GUIDO HAT SICH DIE ABENTEUER AUSGEDACHT

Guido ist auf dem Land aufgewachsen und ist ausgebildeter Landwirt. Er lebt mit seinen drei Kindern und Hund Amy im gleichen Dorf, in dem auch Barbara und Hubertus wohnen. Am liebsten ist er mit dem Trecker und Amy in der Natur unterwegs.

IMPRESSUM

LV.Buch im Landwirtschaftsverlag GmbH, 48084 Münster

© Landwirtschaftsverlag GmbH, Münster-Hiltrup, 2019

4. Auflage 2023

Das Werk einschließlich aller seiner Teile ist urheberrechtlich geschützt. Jede Verwertung außerhalb der engen Grenzen des Urheberrechtsgesetzes ist ohne Zustimmung des Verlages unzulässig und strafbar. Das gilt insbesondere für Vervielfältigungen, Übersetzungen und die Einspeicherung und Verarbeitung in elektronischen Systemen. Die Informationen in diesem Buch wurden nach bestem Wissen zusammengestellt. Alle Empfehlungen sind ohne Gewähr seitens des Autors oder des Verlegers, der für die Verwertung dieser Informationen jede Verantwortung ablehnt.

Herausgeber: top agrar im Landwirtschaftsverlag GmbH

Illustrationen: Noemi Bengsch, www.noemis-atelier.de

Lektorat: Anne Huntemann, Tecklenburg

Gestaltung: LV.Buch im Landwirtschaftsverlag GmbH

Druck: Grafisches Centrum Cuno, Calbe

ISBN 978-3-7843-5636-5